আজকাল

জন্টু দাস

ISBN 979-888521876-4

আমার সকল শিক্ষক-শিক্ষিকা যারা আমার
জীবনের পথ উন্মোচনে সহায়তা করেছেন তাদের
জন্য উৎসর্গ করলাম।

বিষয়বস্তু

অনুক্রমণী

ভূমিকা

মনের ভাবের বিষয়বস্তু লেখায় প্রকাশ হয়ে যখন কবিতার দিকে ধাবিত হয় তখন লেখকের মনে এক চূড়ান্ত অব্যক্ত আকৃতি উঁকি মারে। এই উঁকি দেওয়া আকৃতিগুলি লেখাকে কবিতার শ্রেণীতে উত্তীর্ণ হতে অনেক সাহায্য করে এবং তা ততই উৎকৃষ্ট হয় যত উৎকর্ষণ চলতে থাকে। এই উৎকর্ষণের পন্থা হিসেবেই আমার এই কবিতার বইখানির আবির্ভাব। লেখাগুলি কবিতা হয়ে উঠার প্রয়াস নিয়ে এই বইয়ে কিছু ভাব প্রকাশ করলাম। ভালো লাগলে আনন্দিত হবো। গঠনমূলক সমালোচনার আশা রাখি। সকলের প্রেরণায় সমৃদ্ধ হবো এই কামনা রইলো।

জন্টু দাস

জীবিত বাগানে মৃতের প্রভাব

জীবিত বাগানে মৃতের প্রভাব

বড্ড বেশি কায়েম হচ্ছে।

রাত যাচ্ছে, দিন ছিল,

কিন্তু কই–

এখন আর তো দিন আসছে না?

হয়তোবা এটা এক অজানা, অনাবিষ্কৃত গ্রহণের নিশান!

যদিও তা বোঝা যাচ্ছে না–

নাকি বুঝতে পারছি না;

আমি আপনি আমরা সবাই

শুধু খোঁজেই যাচ্ছি

খোঁজার ভানও করছি

তথাপি মিলেনি প্রমাণ

মিলবেই বা কি করে

ঐ যে বললাম––

জীবিত বাগানে মৃতের প্রভাব ।

আজকাল-বিহ্বল

জগতে প্রেম আছে উপচেও পড়ছে
কেউ ধরে রাখতে পারছে না
সুন্দরে সোহাগে মুখ রক্তিমও হয়
কেবল কেউ যতনে রাখতে পারছে না

জল বাড়ছে হিম গলছে উষ্ণও আছে,
বিশুদ্ধ জলের যথাবৎ ভোগ নেই
বৃষ্টি হচ্ছে বান ভাসছে শীতলও আছে,
তবুও কৃষকের খরার ভীতি রয়ে গেল সেই ।

ফুল ফুটছে ভ্রমর উড়ছে প্রজাপতিও ডানা মেলছে
কিন্তু প্রাণ রস শুষে সুবাস যাচ্ছে হারিয়ে
মালী আছে ডালি আছে বাগিচাও আছে
কিন্তু অতি গতিতে আগাছা গেছে ছাড়িয়ে ।

নারী আছে নর আছে প্রাণও আছে
তবে মানুষ গেছে উবে
ভাষণ আছে বাণী আছে শাসনও আছে
রীতি নীতি ন্যায় প্রীতি এসব গেছে ডুবে

হস আছে রোষ আছে প্রদোষও আছে
সাহস সু-বুদ্ধির সুপ্রভাত গেছে বিকান হয়ে
চোখে দেখছে কানে শুনছে মস্তিষ্কেও বুঝছে
তবে, কেবল বিবেক গেছে সাবেকের কাছে খুয়ে।।

উমেদার

আজকের মানুষ বড়ো আজব
স্বাদে রসনা
প্রখর রোদে দাঁড়িয়ে বলে
বাহ কি স্নিগ্ধ জ্যোৎস্না।
শকুনের সাথে টেক্কা দেয়
মরা মাংসের টানে
জানে যদি আধ মরাও হয়
বলে বেঁচে আছি তো প্রাণে!

অজ্ঞাত

আজকাল মানুষ ভীষণ ব্যস্ত
কি দিন কি রাত সদা-সর্বদা অনিবার
রবির ভোর হতে গড়িয়ে হয় রাত্রি শনিবার
যখন যেখানে সেখানেই থাকে কাজে ন্যস্ত
আজকাল মানুষ ভীষণ ব্যস্ত।

তবে কি করে কীসেই বা করে এত সব তারা জানেনা
সময় পায় না গৃহ কাজের, গল্প পড়ার, গান গাওয়ার
মশগুল মন কাজে, সময় নেই আত্মীয় বাড়ি যাওয়ার।
তবে আর যাই হোক মোবাইল আবার ছাড়ে না।
দিন কেটে যায় সময় পায় না, কিসে তারা জানেনা।

মানুষ আজ বড়োই ব্যস্ত সময় অতি অল্প
দিনের শেষে প্রমিত হিসেব কষলে ঊন হয় ফল
সিক্ত হল সারা দেহ তবুও অজানা কত গড়িয়েছে জল
ব্যস্ত ছিল ঠিকই তবে অজ্ঞাত সেই গল্প
মানুষ আজ বড়োই ব্যস্ত সময় অতি অল্প।

দিনের শেষে মনে জাগে নানা কৌতূহল
কি কাজে ব্যস্ত ছিলাম ব্যর্থ নিরীক্ষণে
কেন হয় এমন হেঁয়ালি আমার সনে
ভেবে পায় না কিসে মগ্ন কি কাজই বা হল!
এত ব্যস্ত এত ন্যস্ত তবুও অসফল-
দিনের শেষে মনে জাগে নানা কৌতূহল।

আজও এমন

পাড়ার লোকেরা করে হাসা হাসি
মা হয়েছে ঐ বাড়ির এক মাসি।
মা মেয়ে অশৌচ ঘরে কি লজ্জা হায়!
জামাই বেটার মুখ পুরে চলা এখন দায়।

লোকে বলে কি হে বেটা-
শাশুড়ি তুমার কেমন?
ছেলে হয়েছে তোমার, ভালো
তবে- ওনার টা ঠিক হয় নি তেমন।

অভাবে অনটনে আহা!, দারিদ্র্য ধারা চরমে
এমন বিচ্ছিরি কাও যে তা বলা যায়না শরমে
একে একে আট সন্তান দুই নাতিনী কুলে
আবার এল নতুন মাসি কোন আক্কেলে !
চার মেয়েকে দিল বিয়ে পাড়াতে মিলে
এখন আবার আরেক সন্তান কেনই বা নিলে!

চলছে এখন ছি ছি রব সারা পাড়া জুড়ে
সমাজ আজ এত উন্নত তবুও এত কুঁড়ে!
মেশিনে ঘেরা চতুর্দিক উন্নত প্রযুক্তির পাল
মানুষ আজও হল না মানুষ শিক্ষার বড়োই অকাল।

তিনি নাকি জানতেনই না সন্তান হবে তার
ছেলে বউ মেয়ে জামাইয়ে পনেরো হলো পার।

তাই বলি ওহে সমাজ চেতন হবে কবে
ঐ অভাগীরা দুয়ের মধ্যে সীমাবদ্ধ রবে?

প্রতিবাদ

পুরুষ তোমার দণ্ড খানি আছে বলেই যদি–

যেখানে সেখানে, যাকে তাকে, যখন খুশি যেভাবে খুশি

প্রহার করতে হয়, তবে তুমি পুরুষ নও;

বনের প্রাণীর চেয়েও শত গুণে পশুত্বে ভরা তোমার হৃদয়।

পশু পুরুষ নারীর জীবন কেড়ে নেয়

আর প্রকৃত পুরুষ সেই নারীর প্রাণ বাঁচাতে রক্তাক্ত হয়।

তাই সেই হিংস্র নর রাক্ষস পুরুষদের যারা দণ্ড বলে মুণ্ড নেয়

সমগ্র নারী জাতির অভিশাপ তাদের–

"পুরুষ দণ্ড যেন হয় মোমে পরিণত

জ্বলে উঠবে যত, গলতে থাকবে ঠিক তত"

নিরাবরণ

উষ্ণতায় বড়ো উন্মাদ আজ অনেক নেটিপারা
মিনিটেই আজ সেলিব্রেটি আবরণহীন যারা
ধুম চলেছে, অঙ্গ খোলতাই সঙ্গে হনুর খেলা
আম, জাম, তাল, চালিতা সমূহ সারাবেলা
কলায় যদি অকৃত হয় তাতে কি বা আসে যায়
উষ্ণ ছবিতে ভরিয়ে দেব লাইক পড়বে লক্ষাধিক প্রায়।
হৃদয় গেছে মাথায় উঠে বুকে কেবল পিশিত কায়া
বিবেক আছে বন্ধকে, কেবল অঙ্গেতেই সকল মায়া
লাইক পাবে কমেন্ট পাবে টাকাও হরেক ধরণ
যে আজ যত বেশী হচ্ছে নিরাবরণ।

বিনা তারের বন্ধন

তারে তারে দেশ বিদেশে কথা ব্যথা সবি হয়
দূরে সুদূরে কিংবা অদূরে এপাশে ওপাশ কয়
নিয়ম মেনে কেমন আছো মেসেজে নেয় খোঁজ
প্রতিবেশী পূর্ণিমার শশী ঝগড়া থাকে রোজ
হাই হেলোই মোবাইল ভরা সাথে ইংরেজি টেক্সট
দূর কে কেবল আপন করলো পর হল নিজ নেক্সট।
ফেইসের বন্ধু, চ্যাটের বন্ধু, বন্ধু অগণিত কেবল তারে
বিনাতারের বন্ধু দেখি মাসে বা বছরের কোন এক বারে
ফোনে ফোনে প্রেমালাপ কাছে এলেই ধরা
তারেতেই জীবন্ত আজ বিনা তারে মরা
ধান খেতে ঘাসে পূর্ণ নেই শস্যের সারি
কৃত্রিমতা ছেয়ে আছে দিক দিগন্ত চারি
সংযোগ এখন যন্ত্রে যন্ত্রে মন প্রাণ ছেড়ে
কবে যে হবে বন্ধন সেই বিনা তারে।
আশায় আছি আসুক ফিরে পুনরায় হয়ে স্যন্দন
কৃত্রিম হবে হ্রস্বতর, জেগে উঠবে তীব্র বেগে;
বিনা তারের বন্ধন ।

আনুষ্ঠানিকতার প্রেম

দিবস মেনে ভালোবাসা নিতান্তই আড়ম্বর
এ কেবল তারের গান, না সুর না তা স্বর।।
বিনাতারের বন্ধন যখন বিশ্বে ব্যাপ্ত হয়
দিন তারিখের ধার না ধেরে সারা জনমই প্রেম রয়।
ছিল না যখন এমন দিন সীমিত প্রেমের প্রকাশ
ছিল শুধু অসীম প্রেম, যেমন রজকিনী চণ্ডীদাস ।
ভুলে গেলে স্বদেশেরে, নিভালে প্রেমের টান
না জানলে নিজ সত্তা, না রাখলে মান।

চাঁদে ঢাকা সূর্য

সূর্য না কি এখন রয়েছে ঘুমন্ত অবস্থায়
সানস্পট আর হচ্ছে না এসব বন্ধই প্রায়
আপাতত ঝিমিয়ে রয়েছে বিশাল কারিগর
চাঁদের স্পর্ধা সূর্য ছোল কাটিয়ে তার ডর।

কী কাও! চাঁদ ঢেকে দেয় সূর্যের অংশ
জল ঢেকে দেয় দুধ
যেন অকাল পেয়ে প্রকৃতি নিচ্ছে শোধ।।

প্রকৃতি মানুষের হাতের মুঠোয় আবার
প্রকৃতির মুঠোয়ও মানুষ
কেউ আগে কেউ পরে, একে অপরকে দেয় দোষ।

তাই সূর্য গেল ঢেকে, চাঁদের প্রতাপে নিরালায়
জগতে সময়ের খেলা, হে বন্ধু, বুঝা বড়ো দায়।
ছোট আমি তুমি বড়ো এসব কি আর সাজে
কে জানে কোন বাঁশিতে কি সুর কখন বাজে?

সমাচার

হাত চুবিয়ে নাড়া দিয়ে করলে ঘোলা জল
স্বচ্ছ অস্বচ্ছের গড় মিলে এখন বসন্তে বর্ষার ঢল
জল আমার নির্মল ছিল স্থির ছিল তার গতি
আকাশ পানে দৃষ্টি হলেও মন ছিল তোমার প্রতি
হটাত একদিন সাঁতার কাটলে হৃদয় সাগরে এসে
এক সাঁতারে জোয়ার উঠে সমস্ত গেল ভেসে
শেষে তুমি স্নান সেরে চলে গেলে তীরে
সেই যে গেলে আজ এখনও এলে না আর ফিরে
মেঘের কাছে বারতা পেলাম উজানে তোমার অয়ন
আর আসবে না ভেবে আমার অশ্রু সজল নয়ন।
রাগ পাঠালে সমাচারে সঙ্গে আবছা আভাস
প্রেম পথের বিজ্ঞাপনে জানলাম তোমার আভাষ
আসবে আবার ধরে নিয়ে ফিরলাম আগের বেশে
যদি একটু সোহাগ ছাড়ো মিষ্টি হাসি হেসে...।

অর্থহীন

অর্থ বোঝে কি আর প্রেম হয়
নিরর্থক যে সম্পর্ক তা কি প্রেম নয়?

সব অর্থই প্রেম নয়
কিছু অনর্থকও প্রেম হয়।

বলতে নেই

অফিসে গিয়ে অফিসারের গাফিলতি দেখলেও
কিছু বলতে নেই–
বললে?
আপনার ফর্মে অনেক ক্রটির উদয় হবে আচমকা
তাই– দেখে শুনেও কিছু বলতে নেই।
আরও বলতে নেই
হিন্দুদের সামনে গরুর মাংস
মুসলিমদের সামনে শুকর
মন্ত্রীদের সামনে খিদের জ্বালা কিংবা
নিদারুণ সমস্যা
পুলিশদের কাছে হেনস্তার কথা।
এসব বলতে নেই
মন্দিরে আল্লাহ আকবার
মসজিদে জয় শ্রীরাম
বলতে নেই
সরকারের সামনে বিরোধীর গুণ কথা
মাতালের কাছে মদের অপকারিতা বা কু কথা
ইত্যাদি বলতে নেই,
বলে নাকি এসব?
না!
এসব বলতে নেই
কারণ?
কারণ তো আমরা সবাই জানি,

কম আর বেশি
যদিও তা জেনেও আমরা না জানার ভান করি
ভাবলেশহীণ হয়ে থাকি
কেননা এসব কথা যে বলতে নেই।

আজব কথা

আজ এই নিখিল ভুবনে সবি প্রতিসারিত
নিয়ম ধারা কি যে দিবা নিশির
মাঘে ভরা বর্ষা ঢল চৈত্রে ভরা শিশির।

রাতে গরম দিবা শীতল নিশিতে ভরা রোদ
নাশিত সুখের পুরে স্বচ্ছ কপাল
গ্রীষ্মে শীত শীতে গ্রীষ্ম কিবা ইন্দ্রজাল।

আজব দেশের অন্তহীন উল্টো কথা
হারা কণ্ঠে বলবো কত আর
ঘরে রোদ্দুর বাইরে ছায়া সমতলে পাহাড়।

গরু এখন নিরামিষ ছেড়ে ধরেছে আমিষ
খায় গোশত মাংস ডিম মাছ
মুখটি লুকায় সকাতরে দিলে ঘাস বা গাছ।

হাতের তালুই পশম গজায় অতি প্রকাশে
মাথা থাকে নিভাঁজ স্নিগ্ধ ও মসৃণ
দেনদার ধমকান পাওনাদার কে চুকাতে অনর্থক ঋণ।

নদীর জল স্থির হয়ে বর্জ্য পরিবাহিত রহিত
আর পুকুরের জল নিয়ত সচল
সুখী থাকে নিরাশ চোখে হাসে দুঃখী কলকল।

আলোর বেণু বাজবে কবে

অনুভূতি আজ কমে গেছে–জানিনা কার
আমার নাকি পৃথিবীর!
আগমনীর সুর বাজছে, মন্দ্র মহালয়ার
কিন্তু পাতা বেয়ে ঝরছে না শিশির।
অকালে ফল যেমন পাকায়,
ইনজেকশন বা ঔষধে–
আজ মহাশক্তির আগমনও তেমন হায়!
কালে অকাল বোধন রাবণ বধে।
ধরণী যেন সইছে না ভার–
দিগন্ত যেন আর কাঁপছে না জয় উল্লাসে;
প্রাণ নিষ্প্রাণ হয়ে ঠেকেছে তার
জীব ও জড়ের মধ্য পর্যায়ের ত্রাসে।
মানব আজ কাকুতি করছে সবে
লুটিয়ে মায়ের পদতলে
আলোর বেণু বাজবে কবে
শূন্যে জলে স্থলে।

কবি পরিচিতি

জন্টু দাস ত্রিপুরা রাজ্যের একজন তরুণ লেখক। তিনি তার একাডেমিক ক্রিয়াকলাপের পাশাপাশি বিভিন্ন সাহিত্য, ছড়া, কবিতা ইত্যাদি রচনায়ও একান্ত অনুরত। তিনি বহু আন্তর্জাতিক ও জাতীয় পর্যায়ের সেমিনারে অংশ নিয়েছেন এবং বিভিন্ন গুরুত্বপূর্ণ বিষয়ে আলোচনা করেছেন। তিনি সমসাময়িক বিভিন্ন বিষয়ে অনেক নিবন্ধ লিখেছেন যা খ্যাতিমান জাতীয় ও আন্তর্জাতিক জার্নালে প্রকাশিত হয় এবং বহু সম্পাদিত বইতে এবং বেশ কয়েকটি বইয়ের অধ্যায়েরও অবদান রাখেন। তিনি ত্রিপুরা বিশ্ববিদ্যালয় থেকে স্নাতকোত্তর এবং পেশাদার ডিগ্রি অর্জন করেছেন। বর্তমানে তিনি ত্রিপুরা বিশ্ববিদ্যালয়ে অধ্যাপনা এবং গবেষণায় নিবেদিত।